Jessica Dahlkötter

MOM

is just a reflection of

WOW

W0326039

COPPENRATH

MIX
Papier aus verantwortungsvollen Quellen
FSC® C104723

ISBN 978-3-649-64603-7

Hafenweg 30, 48155 Münster, Germany

Texte: Jessica Dahlkötter, www.mominpeace.de
Grafische Gestaltung: Sibille Greiner, www.magischemarken.de
Fotos: © dpa Picture-Alliance GmbH;
außer S. 5, 10, 40, 50, 73, 74, 75, 89, 111, 124, 132, 133, 137:
Anna Heide, www.anna-heide.com
Grafische Elemente & Hintergründe:
Isabelle Salem & Lisima, creativemarket.com;
außer Polaroid: SvetaVektor &
Masking Tape: Artnis; shutterstock.com
Redaktion: Nina Sträter

www.coppenrath.de

Hab *Geduld* mit allen Dingen,
aber besonders mit dir selbst.

Franz von Sales

Als Mutter sehen wir unser gesamtes Leben plötzlich mit einem anderen Blick. Wir fühlen intensiver, straucheln häufiger und tragen plötzlich eine so große Verantwortung wie noch nie zuvor. Sei dir gewiss: Das ist völlig normal und du bist damit nicht alleine!

Auf den nächsten Seiten findest du Zuspruch, Zuversicht und neue Perspektiven. Drei wundervoll aufeinander abgestimmte Kategorien sollen dich dabei unterstützen, wieder zu deiner Kraft zurückzufinden. Jede Seite ist dabei mit so viel Liebe und Freude entstanden, dass du die Verbundenheit beim Lesen, Entdecken und Ausprobieren spüren wirst.

Für mehr Ruhe, Weite und Zuversicht – und eine spürbar gute Zeit. An jedem Tag.

Deine Jessi

Hab Geduld mit allen Dingen,
aber besonders
mit dir selbst.
Franz von Sales

Vertraue deinem Bauchgefühl
und lass deine Intuition zu
deinem Nordstern werden.

Ich entscheide mich dazu,
heute glücklich zu sein.

IN STILLE SEIN

In unserer lauten, ergebnisorientierten Welt ist es
ein unbeschreiblicher Luxus, ein paar Minuten am Tag
in Stille sein zu können. Einfach gar nichts tun zu müssen.

Nur dazusitzen, die Augen zu schließen,
dem eigenen Atem zu lauschen und sich seiner
Körperempfindungen und Gedanken bewusst zu sein.

Diese Übung schafft eine unglaubliche Verbindung
zu dir selbst und ist herrlich wohltuend
im stressigen Alltag.

Buttermilchsüppchen

500 ml Buttermilch
1 Pck. Vanille-Puddingpulver
2 EL Zucker
1 Eigelb
3 EL Rosinen
1 Scheibe Schwarzbrot

Buttermilch und Zucker in einem Topf zum Kochen bringen. Puddingpulver und Eigelb einrühren und nochmals aufkochen lassen. Den Topf vom Herd nehmen und ca. 3 Min. ruhen lassen. In der Zwischenzeit das Schwarzbrot zerbröseln.

Die Suppe auf Schälchen verteilen und mit den Rosinen und dem zerbröselten Schwarzbrot genießen.

Schön ist eigentlich alles,
was man mit Liebe betrachtet.
Christian Morgenstern

Erst der Genuss.
Dann die Arbeit.

ERSETZE MULTITASKING DURCH SINGLETASKING

Es ist nicht erstrebenswert, mehrere Dinge gleichzeitig zu tun.
Wenn du dein Kind wickelst, wickle dein Kind.
Wenn du spazieren gehst, geh spazieren.
So einfach das klingen mag, so schwer fällt es uns manchmal.

Versuche dennoch mindestens dreimal am Tag einer Tätigkeit deine volle Aufmerksamkeit zu schenken. So richtest du deinen Fokus und deine Wahrnehmung wieder viel mehr auf den gegenwärtigen Moment, dein Kopf darf sich für einen Augenblick entspannen und sich nur um diese eine Sache kümmern.

BADEN WIE CLEOPATRA

Wenn du dich in deine Badewanne legst, dann zelebriere es. Nutze das beste Schaumbad, Kerzen, Peeling, Haarkur und Musik. Mach es dir so richtig schön! Genieße das Bad mit allen Sinnen, streife den Alltag ab und verwöhne dich im Anschluss mit einem reichhaltigen Körperöl.

Fühl dich wie die Königin des Alltags und feiere dich und deine Arbeit der vergangenen Stunden und Tage.

Das Wunderbarste
an *Wundern* ist,
dass sie manchmal
wirklich geschehen.

Gilbert Keith Chesterton

Gefühle sind wegweisend.

Raus aus den Gedanken,
rein in den Moment!

Die *Sonne* scheint für dich –
deinetwegen; und wenn sie
müde wird, beginnt der
Mond, und dann werden
die Sterne angezündet.

Søren Kierkegaard

Cremige Tomatensuppe

1 Zwiebel
1 Knoblauchzehe
1 EL Olivenöl
100 g Tomatenmark
800 g Tomaten in Stücken (Dose)
350 ml Gemüsebrühe
100 ml Sahne
Salz
Pfeffer
getrocknete oder frische Kräuter (z. B. Basilikum, Schnittlauch, Oregano)
Kürbiskerne zum Garnieren

Die Zwiebel und den Knoblauch schälen und fein würfeln. Beides in einem Topf mit dem Öl anbraten. Tomatenmark, Tomaten und Gemüsebrühe in den Topf geben und 15 Min. bei mittlerer Hitze köcheln lassen. Zum Ende der Garzeit die Sahne zufügen.

Anschließend mit einem Stabmixer pürieren und mit Salz, Pfeffer und Kräutern abschmecken. Die Suppe auf Teller verteilen und mit Kürbiskernen garniert servieren.

„ICH WEISS ES NICHT!“

Es gibt kein Handbuch und keine Check-Liste, die uns auf die Zeit als Mutter vorbereitet. Wie befreiend wäre es deshalb, wenn wir ein ehrliches „Ich weiß es nicht“ zu einem akzeptablen Bestandteil des Mutterseins werden lassen. Es gibt in den ersten Lebensjahren unserer Kinder unzählige „erste Male“, auf die wir nicht vorbereitet sind.

Wir müssen nicht auf alles direkt eine Antwort haben.
Wir dürfen uns erlauben, einen Moment innezuhalten,
ehe wir Entscheidungen treffen oder uns Hilfe suchen.

Der größte *Fehler*,
den man im Leben machen kann,
ist, immer Angst zu haben,
einen Fehler zu machen.

Elbert Hubbard

Dein Körper ist ein Wunder!

STELLUNG DES KINDES

Diese Yoga-Übung verhilft dir zu absoluter Ruhe und kann dich dabei unterstützen, alle Sinne nach innen zu richten. Mach es dir auf deiner (Yoga-)Matte bequem und komme in einen aufrechten Sitz. Deine Schienbeine liegen komplett auf dem Boden, Unterschenkel und Oberschenkel berühren sich, dein Gesäß platzierst du auf deinen Fersen. Öffne nun deine Knie nach außen, sodass dein Oberkörper nach vorne auf die Matte sinken kann. Dein Gesäß darf gerne auf den Fersen abgelegt werden. Deine Arme liegen auf dem Boden, entweder mit den Händen in Richtung deiner Füße oder über dem Kopf. Vielleicht berührt deine Stirn dabei schon den Boden. Falls nicht oder falls es sich unangenehm anfühlt, nimm dir gerne ein Kissen oder eine zusammengefaltete Decke zu Hilfe.

Mach es dir hier gemütlich, kuschele dich so richtig ein. Deinen Atem lenkst du nun ganz bewusst mit jeder Einatmung tief in deinen Bauchraum und gibst deinem Körper mit der Ausatmung das Signal, sich noch mehr zu entspannen und loszulassen. Nach und nach kannst du dein ganzes Gewicht an den Boden abgeben und so zu tiefer Ruhe finden.

Gorgonzola-Birnen-Pasta

400 g Tripoline
Salz
2 TL Butter
300 ml Sahne
1 EL Mehl
6 EL Milch
Pfeffer
2 TL Rosmarin
50 g Gorgonzola
1 kleine Birne
400 g Radicchio
2 EL Walnüsse

Tripoline nach Packungsanleitung in reichlich Salzwasser al dente kochen. Butter in einem Topf bei mittlerer Hitze schmelzen. Mehl zufügen und anschwitzen. Unter Rühren Sahne und Milch zugeben, kurz aufkochen und mit Salz und Pfeffer abschmecken. Rosmarin abbrausen, trocken tupfen, die Nadeln abzupfen und hacken. Mit dem Käse in die Soße rühren und ca. 6 Min. köcheln lassen. Die fertigen Nudeln abgießen und untermischen.

Die Birne waschen, Kerne entfernen und in dünne Spalten schneiden. Radicchio waschen, trocken tupfen und in Streifen schneiden. Beides zu den Nudeln geben, nochmals mit Salz und Pfeffer würzen und warm werden lassen. Walnüsse grob hacken, die Nudeln damit bestreuen und servieren.

It's good
to feel good.

MOM
is just a reflection of
WOW!

WARUM EIN HEISSER KAFFEE NOCH KEIN WELLNESSPROGRAMM IST...

Kommt dir das auch bekannt vor? Seitdem du Mutter bist, werden Selbstverständlichkeiten scheinbar zu einem Wellnessprogramm. In Ruhe zu duschen, den Kaffee heiß zu trinken oder alleine auf die Toilette zu gehen.

Aber mal ehrlich: Ist Körperhygiene als Mutter Luxus? Wir sollten damit aufhören, so zu tun, als wenn es der Himmel auf Erden wäre, alleine zu duschen. Denn wenn wir es nicht machen, implizieren wir, dass wir mit einer regelmäßigen Körperhygiene schon zufrieden wären und kaum andere Bedürfnisse hätten.

Bei all der Liebe, Zuwendung und Zeit, die wir unseren Kindern und unseren Familien zukommen lassen, muss es Platz für Grundbedürfnisse und Sehnsüchte geben. Für Zeit alleine im Badezimmer und für einen heißen Kaffee. Ohne Wenn und Aber.

Du bist deine
eigene Grenze
erhebe dich darüber.
Hafis

Das meiste funktioniert
wieder besser,
wenn man es mal
kurz abschaltet.
Du auch.

LIEBLINGSLISTE

Deine Selbstfürsorge muss nicht an jedem Tag gleich aussehen. Oftmals kann es schon helfen, wenn wir ein- oder zweimal am Tag etwas ganz bewusst für uns tun und uns Zeit für unsere Bedürfnisse nehmen. Erstelle dir hierfür gerne eine Liste mit Sachen, die dich glücklich machen und die deiner mentalen und physischen Gesundheit dienen, zum Beispiel das Gespräch mit der besten Freundin, ein gutes, nahrhaftes Mittagessen, eine Yogastunde oder ein großer Spaziergang. Vielleicht ist es an einem Tag auch „nur" die zehnminütige, ganz bewusste Pause ohne Handy.

Wenn du diesen Handlungen deine volle Aufmerksamkeit zukommen lässt, erhalten sie eine andere Bedeutung und werden von dir als wertvoll und harmonisierend wahrgenommen.

Schlafe, wenn dein Kind schläft.

Wenn du am *Morgen* erwachst,
denke daran, was für ein
köstlicher *Schatz* es ist,
zu leben, zu atmen und sich
freuen zu können.

Marc Aurel

Kokosmilchreis mit Erdbeerpüree

800 ml Kokosmilch
400 ml Sojamilch
1 Prise Salz
200 g Milchreis
30 g Zucker
400 g Erdbeeren
2 EL Puderzucker
1 EL Zitronensaft

Kokos- und Sojamilch mit einer Prise Salz in einem Topf mit schwerem Boden zum Kochen bringen. Milchreis einrühren und zugedeckt bei geringer Hitze ca. 30 Min. ziehen lassen. Gelegentlich umrühren. Anschließend Zucker einrühren.

Erdbeeren waschen, trocken tupfen, klein schneiden und zusammen mit Puderzucker und Zitronensaft mit einem Pürierstab pürieren. Durch ein Sieb streichen. Den Milchreis in tiefe Teller füllen und mit dem Erdbeerpüree servieren.

MEDITATION IST GELEBTE PRÄVENTION

Wenn du beginnst, dich mit Meditations- oder Entspannungsverfahren zu beschäftigen, dann sei sanft zu dir selbst. Sich in wirklich stressigen Zeiten auf ein Kissen zu setzen und krampfhaft an nichts denken zu wollen funktioniert meistens nicht. Wenn du jedoch auf deinem Kissen und in der Stille angekommen bist, sieh dich selbst als Übende. Immer und immer wieder.

Du kannst Gedanken, Gefühle, Körperempfindungen annehmen und ziehen lassen. Das ist alles, was es zu tun gibt. Meditation ist in keinem Moment zielgerichtet, sondern immer prozessorientiert. Die Ruhe, die Geduld, das Mitgefühl: All das sind willkommene „Spätfolgen“ der Meditation. Diese Errungenschaft kann dir in Stresssituationen nützlich sein, zum Beispiel dann, wenn du deinen unruhigen Geist plötzlich bewusst wahrnimmst und ihn mit Hilfe des Atems beeinflussen kannst.

Genau dann erkennst du, dass deine Meditationspraxis einen perfekten Nährboden für einen entspannteren Alltag bietet.

Bedürfnisorientierte Elternschaft bedeutet,
dass alle Bedürfnisse innerhalb
der Familie gesehen und anerkannt werden.
Auch deine!

An manchen Tagen wird *gelacht*,
an anderen geweint. Lass es geschehen.
Immer und immer wieder.
Deine *Seele* wird es schätzen,
beides erfahren zu dürfen.

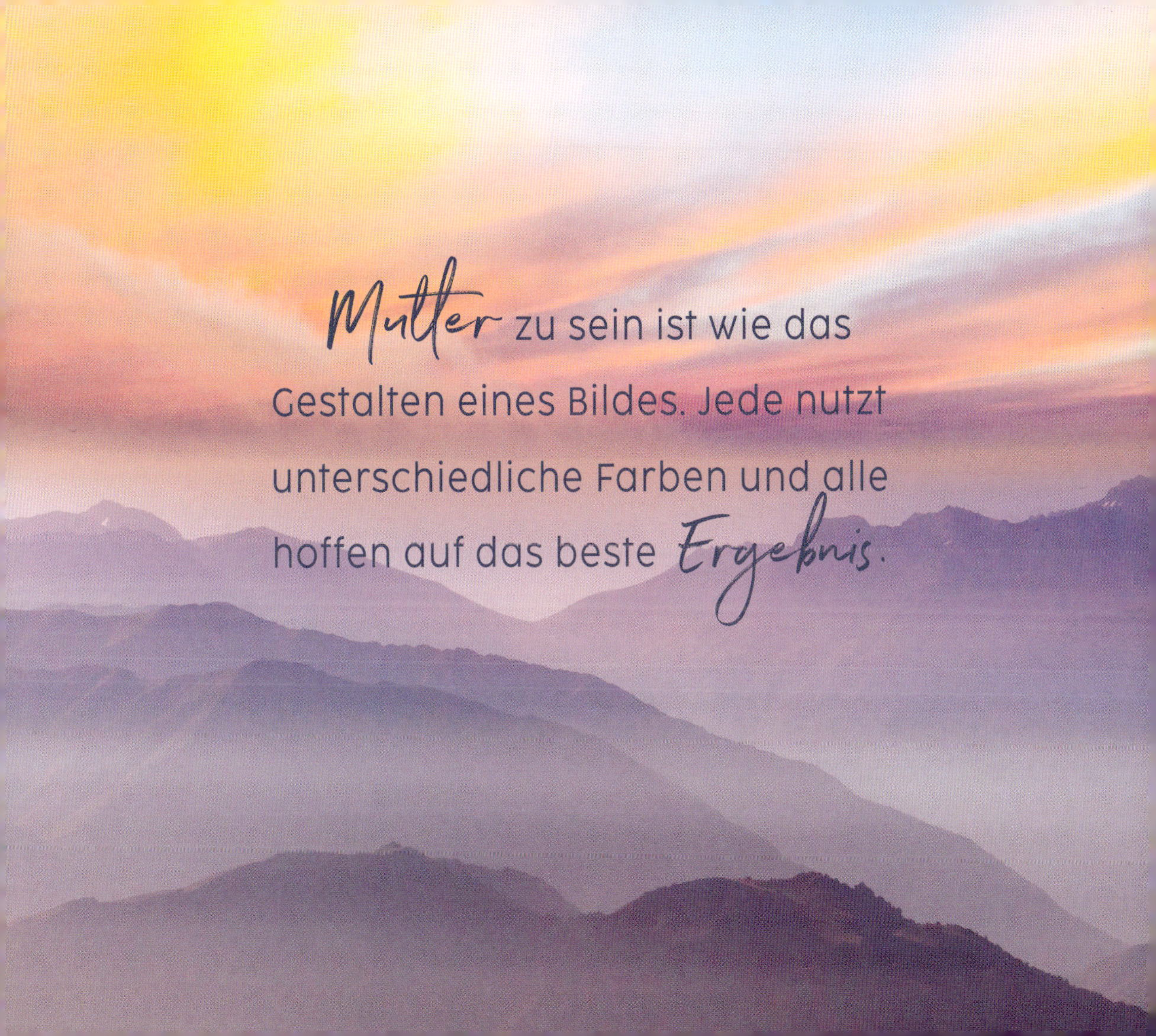

Mutter zu sein ist wie das Gestalten eines Bildes. Jede nutzt unterschiedliche Farben und alle hoffen auf das beste *Ergebnis*.

Was hast du in dieser Woche erreicht,
das dich wirklich überrascht hat?

ERDE-DICH MIT DER 3-6-1-ATMUNG

Wenn du dich gestresst fühlst, kann es helfen,
dich einen Moment lang auf deine Atmung zu konzentrieren.
Schließe kurz die Augen, steh aufrecht da
und nimm den Boden unter deinen Füßen wahr.
Atme 3 Sekunden lang in den Bauch ein,
halte den Atem kurz an und atme dann 6 Sekunden lang
über den leicht geöffneten Mund wieder aus.

Dann spüre dem Ganzen 1 Sekunde lang nach
und warte, bis die nächste bewusste (!) Einatmung kommt.
Eine Minute reicht oft schon aus,
um wieder zur Ruhe zu finden.

Gegrillter Ziegenkäse-Toast

2 kleine Rote-Bete-Knollen (vorgekocht)
75 g Ziegenkäserolle
4 Scheiben Toast oder weiches Mehrkornbrot
Olivenöl
1 Bund Rucola
Salz
Pfeffer

Rote Bete in ca. 7 mm dicke und Ziegenkäse in feine Scheiben schneiden. Die Brotscheiben mit etwas Olivenöl beträufeln. Zwei Scheiben jeweils mit Rucola, Ziegenkäse, Roter Bete und einer weiteren Schicht Käse belegen. Mit Salz und Pfeffer würzen. Je eine Scheibe Brot auflegen und leicht andrücken. Die Sandwiches in einer Grillpfanne bei mittlerer Hitze leicht anrösten und halbiert servieren.

Niemals war mehr
Anfang als jetzt.

Walt Whitman

Herz über Kopf!

DU MACHST DAS TOLL!

An manchen Tagen hast du vielleicht das Gefühl, dass gar nichts klappt.
Das Baby schreit, du befindest dich in einer schlechten mentalen,
physischen und hormonellen Verfassung und bist einfach nur
genervt von all dem Chaos. Noch dazu siehst du dauernd
die vielen positiven Social-Media-Beiträge von Müttern,
die immer alles zu schaffen scheinen, und verlierst dich
in deinen eigenen Selbstzweifeln.
Bitte hör auf damit!

Du gibst jeden Tag dein Bestes, und das ist ausreichend.
Kinder brauchen keine perfekten Eltern. Aber du brauchst einen
liebevollen Dialog mit dir selbst, um in dieser trubeligen Welt
dein eigenes Licht wiederzufinden. Du bist für jemanden
der Leuchtturm auf dieser Welt.
Erlaube dir zu strahlen!

SPRICH MIT DIR SELBST WIE MIT DEINER BESTEN FREUNDIN

Was würdest du deiner besten Freundin
in schwierigen oder herausfordernden Zeiten raten?
Wie würdest du mit ihr sprechen und was würdest du ihr
vielleicht sogar schenken wollen?

Tauche einen Moment lang in diesen Perspektivwechsel ein
und verliebe dich in die Idee, dir selbst diese Zuwendung
zukommen zu lassen.

Sei für dich da und nimm dir Zeit, dir zuzuhören.
Leih dir selbst ein offenes Ohr, eine Schulter zum Anlehnen,
und finde in dir einen sicheren Kraftort.

Es darf leicht sein.
Umarme die glücklichen
Momente des Lebens
und frage nicht nach
Hindernissen oder Zweifeln.

Versuche nicht, dich zu verändern

und eine „bessere Version“ von dir selbst

zu sein, sondern erinnere dich daran,

wer du gerne bist,

und *verliebe dich* bis über

beide Ohren in dieses Bild von dir.

Was machen Sie?

Nichts.

Ich lasse das Leben auf mich regnen.

Rahel Varnhagen von Ense

Die Freude finden wir nicht
in den Dingen, sondern in
der Tiefe unserer Seele.

Thérèse von Lisieux

Bunte Buddha-Bowl

150 g Quinoa
250 g braune Champignons
Olivenöl
2 Paprikaschoten
1 Aubergine
250 g passierte Tomaten (Dose)
1 Stängel Thymian
1 Stängel Oregano
Chiliflocken
Salz
schwarzer Pfeffer
2 Handvoll Rucola
2 Handvoll schwarze Oliven ohne Stein

Quinoa nach Packungsanleitung zubereiten. Champignons putzen und vierteln, etwas Olivenöl in einer Pfanne erhitzen und die Pilze darin bei mittlerer Hitze anbraten. Die Paprika waschen, von Samen und Scheidewänden befreien und die Aubergine putzen. Beides würfeln und zu den Champignons geben. Hitze reduzieren, die passierten Tomaten zugeben und ca. 10 Min. einköcheln lassen. Thymian und Oregano abbrausen, trocken tupfen und die Blättchen abzupfen. Zu dem Tomatensugo geben und alles mit Chiliflocken, Salz und Pfeffer abschmecken. Quinoa, Tomatensugo und Pilze auf zwei Schüsseln verteilen. Rucola waschen, trocken tupfen und mit den Oliven auf die Bowls geben.

SORGE GUT FÜR DICH

Auch wenn es öfter mal schnell gehen muss und du das Gefühl hast, nur zwischendurch eilig einen Happen essen zu können, nimm dir immer wieder bewusst Zeit für deine Mahlzeiten.

Du bist deinem Kind in Bezug auf eine achtsame Nahrungsaufnahme nämlich ebenfalls ein Vorbild. Und sind wir mal ehrlich: Ganz in Ruhe am Esstisch schmeckt es eben doch am besten.

Nur wer sich in sich selbst
erwärmen kann, an dem
vermag auch ein anderer
warm zu werden.
Agnes Pockels

Ich schaffe das.
Du schaffst das.
Wir schaffen das.

SCHÜTTLE BALLAST AB

Mit dieser Übung mobilisierst du deinen gesamten Körper und schenkst dir selbst neue Energie. Mit passender Musik macht es gleich doppelt so viel Spaß; also öffne deine Lieblings-Playlist und los geht`s:

Finde einen aufrechten und stabilen Stand. Bringe wippende Bewegungen in deine Knie und beginne, deine Arme, deine Beine, dein Gesäß und schließlich deinen ganzen Körper zu schütteln. Fast so, als würdest du alten Staub abschütteln. Frei, unkontrolliert, ohne Form und Anstand. Führe diese Übung mindestens fünf Minuten lang aus.

Danach steh ganz still und nimm die Energie in deinem Körper wahr. Kannst du fühlen, wie lebendig du bist?

Freude und Wut. Ohnmacht und Liebe.

Verzweiflung und Zuversicht.

All diese *Gefühle* schließen sich nicht aus.

Sie können sich abwechseln.

Manchmal sogar minütlich.

Honoriere deinen Weg und sei stolz
auf dich! Du bist jetzt *Mutter* und
ein grandioser *Rockstar!*

ES SIND DIE KLEINEN SCHRITTE HIN ZUR MITTE, …

… jedes Mal, wenn du bemerkst, dass du im Stressmoment
erst bewusst geatmet und dann reagiert hast.
… jedes Mal, wenn du dich gegen das Drama
und für die Bewegung entschieden hast.
… jedes Mal, wenn du eine Verabredung absagst,
weil du dich nicht in der richtigen Stimmung fühlst,
und stattdessen lieber ein Vollbad nimmst.
… jedes Mal, wenn du etwas langsam und achtsam machst
und dir bewusst wird, wie wertvoll Zeit ist.
… jedes Mal, wenn du zuerst für dich sorgst, um dann
mit Sanftheit und Fürsorge deinem Kind zu begegnen.

Es sind die kleinen Schritte. Jedes Mal.

Wir werden damit nicht eines Tages fertig sein. Wir werden nie alles auf einmal loslassen.
Aber die stressigen Momente können wir loslassen.
Und wir können uns selber helfen, indem wir den Druck herausnehmen und erkennen,
welches Gefühl eigentlich hinter dem Stress steht, um es zu umarmen und zu integrieren.

Was hinter uns liegt und was vor uns liegt,
ist nichts im Vergleich zu dem,
was *in uns* liegt.

Henry David Thoreau

Alle Fehler, die man hat,

sind *verzeihlicher*

als die Mittel, die man

anwendet, um sie

zu verbergen.

François de La Rochefoucauld

JEDE MUTTER HAT DAS ANRECHT AUF IHREN EIGENEN STRESS

Was dir leicht von der Hand geht, ist vielleicht für eine andere Mutter im Baby-Kurs eine große Überforderung. Manche Aufgaben, vor denen du am liebsten flüchten würdest, können andere vielleicht ganz einfach erledigen und nebenbei noch eine Torte backen.

Wie schön wäre es, wenn wir dieses oder jenes Verhalten einfach nicht mehr bewerten und uns stattdessen wieder liebevoll unserem eigenen Stressempfinden zuwenden würden? So könnten wir wieder etwas mehr Wohlwollen und Mitgefühl für uns und für andere kultivieren.

Vergeude deine Energie also nicht dafür, dich über andere Mütter zu wundern, aufzuregen oder sie zu beurteilen. Beneide sie auch nicht für das, was sie leicht schaffen, dir aber umso schwerer fällt. Bleib bei dir selbst und entwickle deine eigene Stressbewältigungstaktik. Deine Familie, dein Leben und dein Alltag sind einzigartig – und du bist es auch.

MIT ALLEN SINNEN WAHRNEHMEN

Wenn du heute deinen Partner oder deine Partnerin, dein Kind oder eine liebe Freundin umarmst, dann halte einen Moment lang inne und spüre die Verbindung zwischen euch. Den vertrauten Duft, die Wärme, das wohlige Gefühl im Bauch.

Oftmals ziehen diese Eindrücke im hektischen Alltag an uns vorbei. Dabei ist es so wertvoll, hier einen Augenblick zu verweilen und sich bewusst zu machen, dass diese Sinneseindrücke ein großes Geschenk sind.

Finde heraus, was dich glücklich macht, und dann drücke auf „Repeat".

Weniger machen.
Mehr fühlen.

Kleiner Snack – große Wirkung

Trockenobst gehört zu den absoluten Energielieferanten und eignet sich prima als kleiner Snack für zwischendurch.

Ein paar Datteln, getrocknete Mango oder Aprikosenstückchen können die Laune gleich heben. Aufgrund ihrer angenehmen Süße sind diese kleinen Snacks übrigens auch bei Kindern oftmals sehr beliebt und können über ein kleines Hungerloch hinweghelfen.

Du hast in dir
den Himmel und die Erde.

Hildegard von Bingen

Die Gedanken sind
weiter als der Himmel.
Emily Dickinson

Möhren-Orangen-Cremesuppe mit Ingwer

500 g Möhren
3 EL Butter
1 Zwiebel
1 Stück Ingwer (1 cm)
Saft von 1 Orange
1 l Gemüsebrühe
Salz
Frisch gemahlener Pfeffer
4 TL Crème fraîche

Die Möhren schälen und in Stücke schneiden. Butter bei geringer Hitze in einem Topf zerlassen, die Möhren zufügen und zugedeckt 10 Min. garen. Inzwischen Zwiebel und Ingwer schälen und fein hacken. Möhren mit Orangensaft ablöschen, Zwiebel und Ingwer zugeben, mit Brühe aufgießen und mit Salz und Pfeffer würzen. Aufkochen und alles 20 Min. köcheln lassen. Die Suppe vom Herd nehmen und mit einem Pürierstab pürieren. Anschließend durch ein Sieb streichen.
In Suppenteller füllen und mit Crème fraîche garniert servieren.

Versuche stets, ein Stückchen *Himmel* über deinem Leben freizuhalten.

Marcel Proust

Es ist nur ein mieser Morgen,
kein schlechter Tag.

WARTEZEIT IST ATEMZEIT

Wir können kurze Wartezeiten, zum Beispiel an der Kasse oder an der Bushaltestelle, nutzen, um eine kleine Achtsamkeitsübung einzulegen. Lass dein Handy einfach mal in der Tasche und nimm stattdessen ein paar bewusste, tiefe Atemzüge.

Entspanne deine Kopfhaut, deine Schultern und fühle, wie deine Füße den Boden berühren. Sobald du den Drang verspürst, etwas anderes zu tun, komm mit deiner Aufmerksamkeit wieder ganz liebevoll zu deinem Atem zurück. Mit dieser kleinen Übung trainierst du die Fähigkeit, deine Gedanken und Gefühle noch geduldiger und gelassener anzunehmen. Und wäre es nicht toll, wenn dies auch im größten Familienchaos möglich wäre?
Übung macht die Meisterin, und irgendwann wird dieser kleine Check-in bei dir selbst ganz automatisch stattfinden.

WACHSTUM

Mutter sein ist ein großartiges Geschenk und eine
ganz persönliche Einladung an dein eigenes Wachstum.
Schaue dir selbst bei der Entwicklung zu und beobachte,
wie du mit der Zeit an Selbstsicherheit und Stabilität gewinnst.
Das alles passiert nicht von heute auf morgen.

Und so wie du deinem Kind all die Zeit und Möglichkeit gibst,
sich zu entwickeln, so kannst auch du dir den Raum
für deine eigene Entfaltung nehmen.

Manchmal war ein schlechter Tag

eigentlich ein *guter Tag*

mit fünf schlechten Minuten,

an die man ständig gedacht hat.

Manchmal ist das Wichtigste
am ganzen Tag die Pause,
die wir zwischen zwei tiefen
Atemzügen machen.
Etty Hillesum

IRGENDWAS IST IMMER

Soeben dachtest du noch, du hättest endlich alles erledigt. Das Kind hat ausreichend draußen gespielt und du hast sogar frisch gekocht. Vielleicht war sogar noch eine Stunde Sport für dich machbar.

Doch dann fällt dir plötzlich ein, dass du ja auch noch deine Steuererklärung machen wolltest und außerdem einen Termin beim Friseur vereinbaren musst. Das Auto braucht einen Check-up-Termin und der Jüngste neue Gummistiefel. Und schon ist das Gefühl, alles erledigt zu haben, wieder verflogen.

Unser Geist hält uns immer auf Trab. Sobald ein To-do-Punkt erledigt ist, stellt sich ein neuer Termin wieder hinten an. Je besser wir annehmen können, niemals ganz fertig zu sein, desto entspannter lässt es sich leben. Denn irgendwas ist immer und „fertig werden“ eine Illusion.

ME-TIME

Schaff dir einen Platz in der Wohnung, der nur dir gehört. Richte dich hier mit einer Matte oder Decke so ein, dass es dir rundum gefällt. Vielleicht möchtest du zusätzlich Kissen, Kerzen oder eine Duftlampe verwenden.

Gönne dir am Abend 15 Minuten auf dieser Matte. Leg dich auf den Rücken und beginne damit, dich genussvoll zu recken und zu strecken. Gib die ganze Last des Alltags an den Boden ab. Folge dabei einfach deiner Intuition und dehne sanft deine verspannten Muskeln. Du kannst auch in den Vierfüßlerstand kommen und dein Becken ganz intuitiv kreisen lassen. Spüre, was sich für dich gut und richtig anfühlt. Atme dabei tief ein und so lang und genüsslich wie möglich aus.

Eat. Play. Love.
Repeat.

Augenblicke genügen.
Alles Schöne ist momentan.

Frieda von Bülow

Gedanken machen reich.
Gefühle machen *groß*.

Marcus Fabius Quintilian

Vielleicht wird alles
vielleichter.

Smoothie-Bowl

60 g Banane
200 g griechischer Joghurt
60 ml Milch (1,5 % Fett)
100 g frische Beeren
(z. B. Erdbeeren, Blaubeeren)
2 EL Kokosraspel
1 EL Haferflocken
1 EL Chiasamen

Bananen in Stücke schneiden und mit Joghurt und Milch in einem Standmixer cremig pürieren. Die Beeren verlesen, waschen und einige zum Garnieren beiseitelegen, die restlichen in den Mixer geben und erneut pürieren. Smoothie in eine Schale umfüllen. Als Topping Kokosraspel, Haferflocken, Chiasamen und die restlichen Beeren über den Smoothie geben und servieren.

Gebratene Banane in Kokosmilch

1 Bio-Orange
4 Bananen
3 EL Butter
200 ml Kokosmilch
1 TL Honig

Orange heiß waschen und trocken tupfen. Schale fein abreiben, Saft auspressen. Bananen schälen und längs halbieren. Butter in einer Pfanne erhitzen, Bananen mit der glatten Seite nach unten hineingeben und ca. 1,5 Min. bei niedriger Hitze braten. Vorsichtig wenden und weitere 1,5 Min. braten. Herausnehmen und beiseitestellen.

Kokosmilch, 2-3 EL Orangensaft, Orangenabrieb und 1 TL Honig in die Pfanne geben. Kurz aufkochen lassen. Den Herd ausstellen, die Bananen wieder zugeben und ca. 1 Min. in der Kokosmilch ziehen lassen. Direkt mit der Kokosmilch in tiefen Tellern servieren.

Wer heute voller Genuss den Tag feiert,
hat morgen eine wundervolle
Vergangenheit.

Leichtigkeit kommt, wenn wir
in unserem Kopf ausmisten.

DANKBARKEIT IST, WENN SICH DAS HERZ ERINNERT

Kurz bevor du zu Bett gehst, kannst du deinen Tag noch einmal Revue passieren lassen und an die hellen, glücklichen Momente zurückdenken. Lass die Erinnerung durch dein Herz fließen und spüre noch einmal nach, wie du dich in dieser Situation gefühlt hast.

Lege dir ein Notizbuch auf den Nachttisch und notiere jeden Abend drei solcher schönen Momente, für die du besonders dankbar bist. Es wird dir helfen, den Blick auf das Positive zu lenken und den Tag in Frieden zu beenden.

INTUITION FEAT. RATGEBER

Sich auf ein gutes, starkes und kraftvolles Bauchgefühl zu verlassen ist toll. Wenn unsere Intuition gesund und lebendig ist, handeln wir aus unserer Mitte heraus und sind im Einklang mit dem, was wir tun. Es gibt aber Phasen im Leben, da braucht unser Bauchgefühl vielleicht ein wenig Unterstützung. Wir spüren, dass wir etwas ändern oder entscheiden sollten, aber wir wissen einfach nicht, wie wir es umsetzen können.

In diesen Momenten ist es wichtig, der inneren Stimme zu vertrauen und die eigene Intuition etwas zu begleiten. Du könntest dich zum Beispiel an eine Beratungsstelle wenden oder dir einen passenden Ratgeber bestellen. Denn ein gutes Bauchgefühl und die Hilfe von außen müssen sich nicht gegenseitig ausschließen.

Bevor du etwas in deinem Leben verändern willst, begib dich in die Stille und frage dich:
Will ich das?
Will *ich* das?
Will ich *das*?

Jeder neue Tag hat zwei Griffe.
Wir können ihn am Griff der Ängstlichkeit
oder am Griff der Zuversicht halten.
Henry Ward Beecher

Beginne jeden Morgen
mit einem guten Gedanken.

Carl Hilty

Du bist eine *Frau* mit einem natürlichen weiblichen Zyklus. Selbstverständlich ist nicht jeder Tag mit der gleichen hormonellen Verfassung zu erleben.

Ausreichend trinken!

Es kommt einfach immer zu kurz, oder? Dabei ist eine ausreichende Flüssigkeitszufuhr so wichtig für unseren Körper und natürlich für unser Wohlbefinden. Versuche doch mal, dir morgens eine große Karaffe Wasser oder Kräutertee bereitzustellen. So wirst du im Vorbeigehen immer wieder daran erinnert, etwas zu trinken, und am Abend siehst du direkt, ob es ausreichend war. Optimal sind 1,5 bis 2 Liter pro Tag.

KLOPF DICH GLÜCKLICH!

Die Thymusdrüse aktiviert unser Immunsystem. Zudem kann sie Stress abbauen, unsere Sinne beleben und uns neue Energie schenken. Du findest sie circa sieben Zentimeter unterhalb der Halsgrube, in der Mitte des oberen Brustbeins.

Klopfe täglich für 30 bis 60 Sekunden mit den Fingerspitzen auf diese Stelle deines Körpers, das schenkt dir neue Kraft und wirkt entspannend.

Dein Mantra für diesen Tag:

Ich bin genug. Ich tue genug. Ich habe genug.

Ruhe. Weite. Zuversicht.

FINDE DEINE EIGENE GLÜCKSFORMEL

Self-Care-Rituale zu entwickeln ist gut. Sie helfen uns dabei, für uns und unsere mentale Gesundheit einzustehen und uns gut um uns selbst zu kümmern. Es gibt unzählige Methoden, das kann eine Yoga- oder Meditationsübung an jedem zweiten Morgen, ein Super-Food-Rezept einmal die Woche oder ein regelmäßiges Treffen mit lieben Freunden sein.

Aber: Nimm den Druck heraus, dass alles auf Anhieb funktioniert und sofort für Entspannung sorgt. Lerne zu sehen, was du bereits erreicht hast, und dass du jeden Tag die Chance bekommst, dich weiterzuentwickeln. Wir alle haben große Ziele, aber vergiss die kleinen Schritte nicht. Ehre dich für den Mut, etwas angestoßen zu haben. Beobachte, wie deine Unsicherheit in der einen oder anderen Situation schwindet, wie du dich plötzlich etwas mehr entspannen kannst, dir etwas mehr zutraust oder entschlossen Nein sagst. Honoriere deinen Weg und klopfe dir für jede überwundene Hürde auf die Schulter. Das lässt dich milder mit dir selbst werden.

Einatmen. Ausatmen. Durchatmen.

Du hast die Kraft, große Dinge
zu erschaffen. Ja, genau Du!

Ingwer Shot

1 Apfel
1 Stück Bio-Ingwer (4 cm)
2 Orangen
1 Zitrone
2 TL Kurkuma (gemahlen)

Den Apfel waschen, halbieren und entkernen.
Apfel und Ingwer fein würfeln und in einen hohen Rührbecher geben.
Orangen und Zitrone auspressen.
Den Saft in den Rührbecher geben.

Kurkuma zugeben und alles mit einem Stabmixer pürieren, bis keine Stückchen mehr vorhanden sind. Den Shot in eine Flasche füllen und gut verschließen. Im Kühlschrank aufbewahren und innerhalb von zwei Tagen verzehren.

Dass uns eine Sache fehlt,
sollte uns nicht davon abhalten,
alles andere zu *genießen*.

Jane Austen

Der Verstand sucht,
aber das Herz findet.
George Sand

WAS WIRKLICH HILFT:

- Akzeptiere, was du fühlst.
- Verurteile dich nicht.
- Verabrede dich mit dir selbst.
- Ändere deine Maßstäbe.

DIE KLÜGERE MUTTER GIBT AB!

Vielleicht fällt es auch dir nicht immer ganz leicht, anfallende Aufgaben im Haushalt oder in der Betreuung und Pflege des Kindes abzugeben. Jahrzehntelang folgte die Sozialisation von Frauen einem ganz klaren Rollenbild. Das Ideal von der perfekten Mutter klebt immer noch an uns – ob bewusst oder unbewusst.

Dabei dürfen wir lernen, dass unser Partner oder unsere Partnerin mindestens genauso fähig dazu ist, eine Spülmaschine auszuräumen, die Fenster zu putzen oder das Baby nachts um drei durch die Wohnung zu tragen. Und auch die Oma oder ein lieber Freund können den Kinderwagen ganz prima für eine Stunde durch die Nachbarschaft schieben oder mit dem Nachwuchs im Sandkasten buddeln.

Zeig der Perfektion und den uralten Idealen die kalte Schulter und trau dich, etwas abzugeben. Du kannst dabei nur gewinnen!

Beim Nichtstun bleibt nichts ungetan.
Laotse

Wir werden nicht durch die Erinnerung
an unsere Vergangenheit weise,
sondern durch die Verantwortung
für unsere Zukunft.
George Bernard Shaw

Die Liebe ist die Luft,
die wir trinken.

Bettina von Arnim

All diese Tage, die kommen und gehen,
machen in der Summe dein Leben aus.

Farfalle mit Pesto

500 g Farfalle
40 g Pinienkerne
40 g geriebener Parmesan
50 g frischer Basilikum
80 ml Olivenöl
Salz
Pfeffer

Die Farfalle in einem großen Topf mit Salzwasser nach Packungsanleitung al dente kochen. Währenddessen Basilikum waschen, trocken tupfen und die Blätter abzupfen. Zusammen mit Pinienkernen, Parmesan und Olivenöl in einem Standmixer (oder mit Mörser und Stößel) zu einer feinen Paste zerkleinern. Mit Salz und Pfeffer würzen.

Das Pesto unter die fertig gegarten Nudeln rühren und in tiefen Tellern anrichten.

One-Pot-Pasta

1 große rote Zwiebel
4 Knoblauchzehen
1 Handvoll frischer Basilikum
350 g Nudeln nach Belieben
450 g gehackte Tomaten (Dose)
2 TL getrockneter Oregano
1 l Gemüsebrühe
2 TL Olivenöl
Salz
Pfeffer

Zwiebel und Knoblauch schälen und fein würfeln. Basilikum waschen, trocken tupfen und fein hacken. Gemeinsam mit Nudeln, Tomaten, Oregano und Gemüsebrühe in einen großen Topf geben und für 10 Min. bei mittlerer Hitze köcheln lassen. Gelegentlich umrühren, bis die Flüssigkeit vollständig verdampft ist und eine schöne sämige Pasta entsteht. Zum Ende der Garzeit Olivenöl zugeben und mit Salz und Pfeffer abschmecken. Die Suppe auf Teller verteilen und servieren.

Wenn man seine Ruhe
nicht in sich findet,
ist es zwecklos, sie
anderorts zu suchen.
François de La Rochefoucauld

Man muss lernen, bei allem,
was man tut, *innerlich frei* zu sein.
Meister Eckhart

WAS WIR MÜTTER WIRKLICH BRAUCHEN? ANDERE EHRLICHE MÜTTER!

Eine wirkliche Verbindung unter Menschen kann immer dann entstehen, wenn wir bereit sind, uns zu öffnen, und auch ehrlich darüber sprechen, wenn etwas nicht so gut läuft.

Sie entsteht immer dann, wenn wir bereit sind, uns mitzuteilen, und Gefühle wie Trauer, Überforderung und Wut offen benennen. Noch immer hält sich das Bild der allwissenden Supermutter hartnäckig in den Köpfen der Gesellschaft. Aber die Fassade bröckelt und das ist wirklich erstrebenswert, denn nur so können wir deutlich machen, dass wir „mutterseelenmenschlich“ sind und alle Gefühle einen Platz haben dürfen.

Das meiste haben wir gewöhnlich in der Zeit getan, in der wir meinen, nichts getan zu haben.

Marie von Ebner-Eschenbach

Nichts bringt uns auf dem Weg besser voran als eine *Pause*.

Elizabeth Barrett Browning

SELBSTMASSAGE

Gönne dir einen Moment der liebevollen Zuwendung und tu deinem Körper etwas Gutes, indem du dir eine kleine Massage schenkst. Tropfe hierzu etwas naturreines Massageöl in deine Hände und verteile es, indem du sie kräftig aneinander reibst. Lege anschließend deine Hände auf deinen Nacken und spüre die Wärme.

Nun kannst du ganz sanft und intuitiv beginnen, dich zu massieren. Atme tief ein und dann lang und gelöst wieder aus. Genieße diesen Moment mit dir.

Heal. Learn.
Grow. Love.

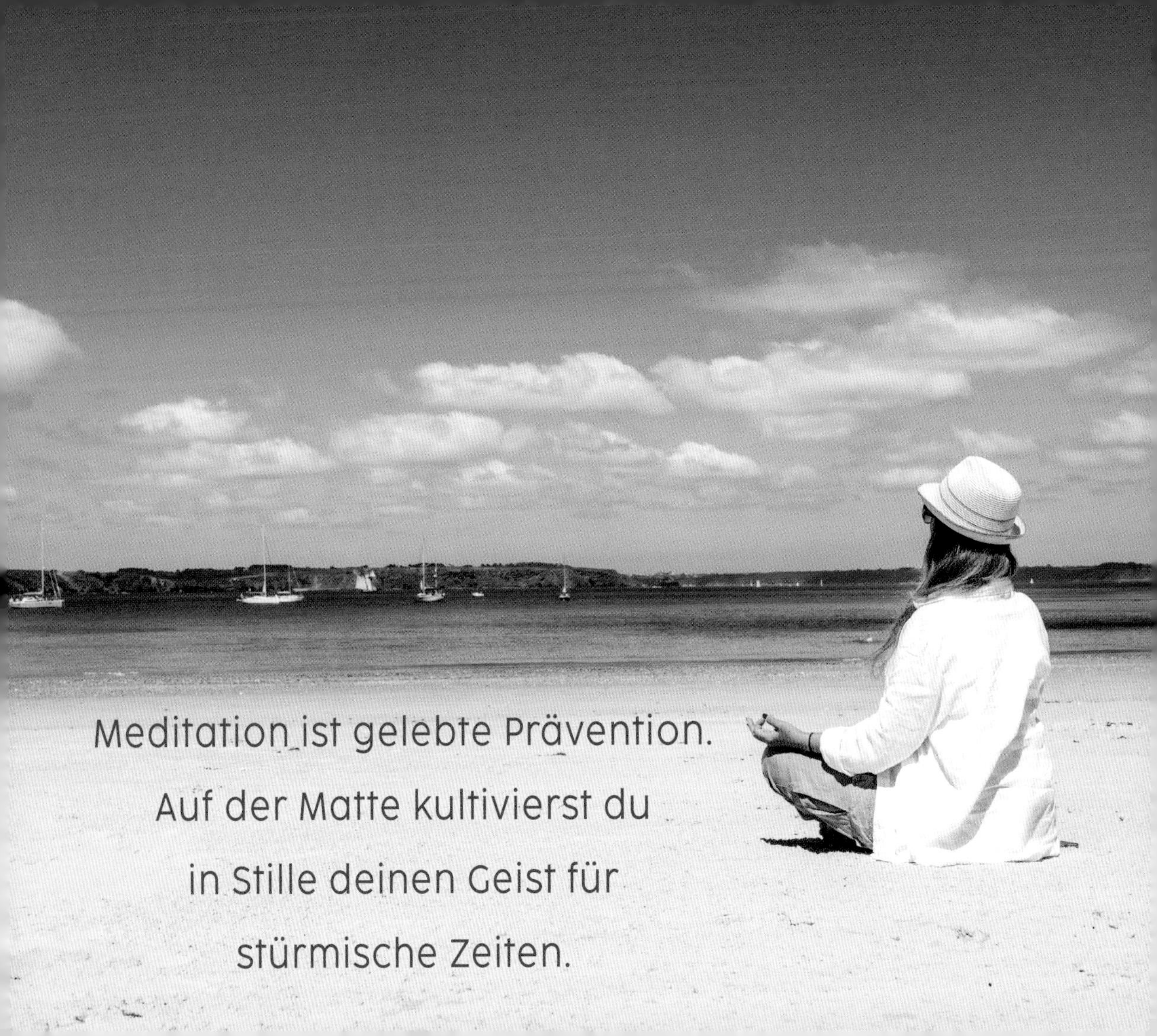

Meditation ist gelebte Prävention.
Auf der Matte kultivierst du
in Stille deinen Geist für
stürmische Zeiten.

LÖWENATMUNG

Wenn die Anforderungen des Alltags dich mal wieder zu überrollen drohen, erwecke die Löwin in dir! Setz dich bequem auf einen Stuhl und lass deine Hände auf deinen Oberschenkeln ruhen.

Atme tief über die Nase ein, fülle deinen Brustkorb und deinen Bauch mit Sauerstoff und schließe deine Augen. Wenn die Ausatmung kommt, öffnest du deine Augen, drehst du Handflächen nach oben und brüllst wie eine Löwin so laut du kannst deinen ganzen Ärger hinaus. Wiederhole diese Übung dreimal und fühle dich selbstbestimmt und frei.

FOLGE DER FREUDE

Wobei empfindest du tiefe Freude und Begeisterung?
Wobei hüpft dein Herz und kribbelt der Bauch?
Versuche, dich zu erinnern!

Das ist nichts, was dein Kopf dir sagen kann. Der Verstand vergisst, was uns guttut, aber das Herz erinnert sich wieder daran. Und wenn du dich erinnert hast, dann finde den Mut, die Dinge umzusetzen. Immer und immer wieder, in großen Aktionen und in kleinen alltäglichen Handlungen.

Es macht einen Unterschied, ob wir mit der Freude leben oder ob wir sie vor lauter Stress aus den Augen verlieren. Es gibt keinen Fahrplan für dein Glück, aber es hilft, sich daran zu erinnern, was uns wirklich fröhlich und zufrieden macht.

Warte nicht, bis du den Notausgang wählen musst. Biege ab in den „Mutausgang“ und öffne *neue Türen*.

Für den Bau von *Luftschlössern*
gibt es keine architektonischen Regeln.

Gilbert Keith Chesterton

Viele alltägliche Aufgaben könnten wir getrost verschieben. Den Haushalt zum Beispiel. Er hat wirklich selten ein ernstzunehmendes Bedürfnis.

Manchmal ist es ganz schön, etwas neben
der Spur zu sein, um festzustellen, dass es
hier die besten Rastplätze gibt.

Rucola mit Kürbis und Feta

800 g Hokkaido-Kürbis
4 EL Olivenöl
Salz
Pfeffer
1 Knoblauchzehe
1 EL Balsamicoessig
1 TL Honig
150 g Rucola
100 g Fetakäse
1 Handvoll gehackte Walnüsse

Den Backofen auf 200 °C (180 °C Umluft) vorheizen. Den Kürbis putzen, entkernen und in dünne Streifen schneiden. Auf ein Backblech legen und mit 1 EL Olivenöl beträufeln. Mit Salz und Pfeffer würzen und 40 Min. im Ofen garen.

Den Knoblauch schälen und sehr fein hacken. Mit Balsamico, Honig und dem restlichen Olivenöl in einer großen Schüssel mit dem Schneebesen zu einem Dressing verrühren. Den Rucola verlesen, abbrausen und trockenschleudern. Zu dem Dressing in die Schüssel geben und alles gut vermengen. Den Rucola auf Teller verteilen und die gebackenen Kürbisstreifen darauf anrichten. Mit zerbröseltem Feta und Walnüssen bestreuen und servieren.

Dankbarkeit

Es muss nicht gleich ein frommes Gebet sein. Du musst weder religiös sein, noch an etwas Übersinnliches glauben. Aber vielleicht möchtest du dem guten, gesunden Essen auf deinem Teller kurz einen Gedanken der Wertschätzung widmen. Es wird deine Aufmerksamkeit auf etwas Positives richten. Ein gutes Essen mit dem Gefühl von Dankbarkeit zu genießen ist gleich doppelt so schön.

Von einem, der spazieren geht,
kann man niemals behaupten,
er mache einen Umweg.
Arthur Schopenhauer

Du musst als *Mutter*
nichts leisten, was nicht auch
als *Mensch* zu schaffen wäre.

WAS ICH DIR SAGEN MÖCHTE

Mein lieber Schatz, genieße das Stück Schokoladenkuchen
und lass es dir nicht durch den Gedanken an Karies verderben.
Wenn du etwas gefunden hast, worüber du die Zeit vergisst
und was dein Herz hüpfen lässt, tu es immer und immer wieder.
Du wirst dich in tristen Momenten daran erinnern und spüren,
was dir hilft. Wenn du oben auf dem Sprungbrett stehst
und dich jemand von hinten drängelt, springe niemals aufgrund
der fremden Stimme, sondern weil es dein Mut ist, der dich
den letzten Schritt setzen lässt.

Solltest du dich unwohl fühlen oder dich über jemanden
geärgert haben, sprich es an. Lass deinen Gefühlen freien Lauf
und sag offen, was dich stört. Erinnere dich abends gerne daran,
wofür du dankbar bist, und sinke mit einem glücklichen Herzen
in dein weiches Bettchen. Fühl dich stets frei, beschützt und geliebt.
Denn wie auch immer das Leben dich überrascht und fordern mag,
in meinen Armen ist für immer dein Zuhause.

Schließe deine Augen.
Verliebe dich, bleibe dort.

Rumi

Die Tür zum *Glück*
geht nach außen auf.

Søren Kierkegaard

WENN NICHTS MEHR GEHT, DANN GEH!

Wenn du dich in deinen Emotionen gefangen fühlst,
kann dir ein Spaziergang an der frischen Luft dabei helfen,
neue Eindrücke zu gewinnen und wieder weg von deinen Gedanken
hin zu deinen Körperempfindungen zu kommen.

Vielleicht gehst du in den nächsten Park oder Wald,
legst deine Hand an einen Baum und atmest einige Minuten lang
tief ein und aus. Die direkte Nähe zur Natur lässt uns
zur Ruhe kommen und neue Energie finden.

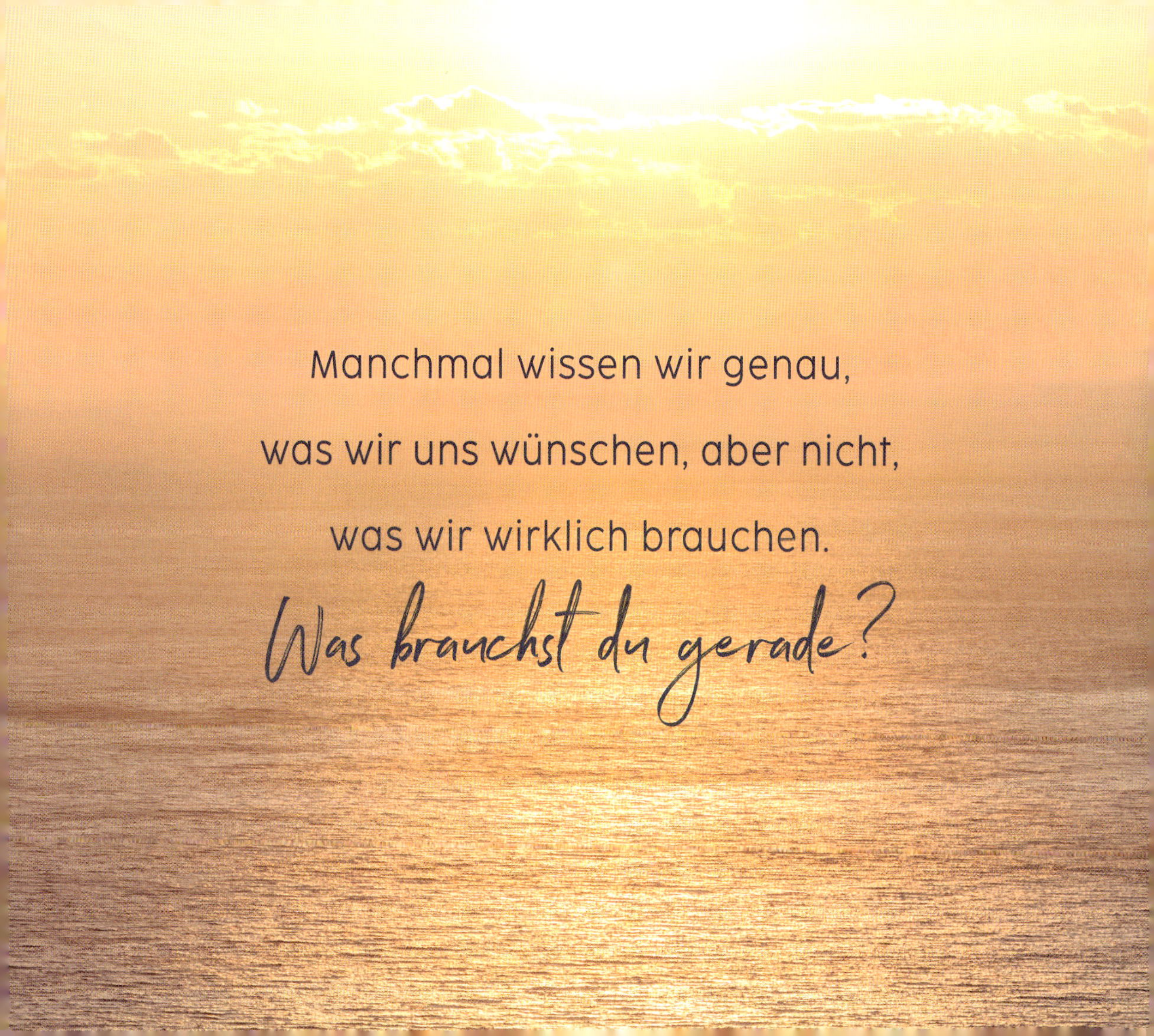

Manchmal wissen wir genau,

was wir uns wünschen, aber nicht,

was wir wirklich brauchen.

Was brauchst du gerade?

I think I can!

DAILY GOOD NEWS

Nimm dir einige Klebezettel und notiere darauf folgende Worte:

- Ich bin die beste Mutter, die ich gerade für mein Kind sein kann.
- Auch das geht vorbei!
- Jeder hat das Recht auf ausreichend Schlaf.
- Ich akzeptiere, was ich fühle.
- Ich muss nicht perfekt sein.
- Wer das liest, ist toll!
- Ich bin wertvoll.
- Ich achte auf mich und meine Ressourcen.
- Nudeln machen ist auch kochen.

Platziere diese Zettelchen überall in der Wohnung und lass die kraftvollen Sätze täglich auf dich wirken.

Blaubeer-Pancakes

1 Ei Größe M
40 ml Kokosmilch
1/2 TL Vanilleextrakt
50 g Mandelmehl
1/2 TL Backpulver
1 Prise Salz
Sonnenblumenöl
50 g frische Blaubeeren
1 EL Agavendicksaft

In einer Schüssel Ei, Kokosmilch und Vanilleextrakt mit einem Schneebesen verrühren. Mandelmehl, Backpulver und Salz zufügen und solange verrühren, bis eine homogene Masse entsteht. Öl in einer Pfanne erhitzen. Mit einer Kelle den Teig in kleinen Portionen in die Pfanne geben und die Pancakes von jeder Seite ca. 2 Min. bei mittlerer Hitze goldgelb ausbacken. Währenddessen die Beeren verlesen, waschen und trocken tupfen.

Die Pancakes auf Teller geben, mit den Blaubeeren garnieren und mit Agavendicksaft servieren.

Wieso gönnen wir uns den *Genuss* nicht sofort? Wie oft wird die Freude durch Vorbereitungen verdorben, durch törichte Vorbereitungen.

Jane Austen

Die *beste Methode*,
das Leben angenehm zu verbringen, ist, guten Kaffee zu trinken. Und wenn man keinen haben kann, so soll man versuchen, so heiter und gelassen zu sein, als hätte man guten Kaffee getrunken.

Jonathan Swift

Du bist die *beste Mutter*, die du
für dein Kind sein kannst. Glaub an dich!

Eine achtsame *Lebensweise* macht feinfühliger, feinsinniger und mitfühlender im Umgang mit sich selbst und anderen.

Pastinaken-Kartoffel-Suppe

1 Knoblauchzehe	2 EL Butter
1 kleine Zwiebel	750 ml Gemüsebrühe
1 Stück Ingwer (1 cm)	1 Msp. gemahlene Muskatnuss
400 g Pastinaken	200 ml Sahne
100 g Kartoffeln	Salz
(vorwiegend festkochend)	Pfeffer

Knoblauch, Zwiebel und Ingwer schälen und fein hacken. Pastinaken und Kartoffeln putzen, schälen und in ca. 2 cm große Würfel schneiden.

Butter in einem großen Topf zerlassen. Knoblauch, Zwiebel und Ingwer zugeben und 1 Min. bei geringer Hitze andünsten. Pastinaken und Kartoffeln zugeben und weitere 2 Min. dünsten. Alles mit der Gemüsebrühe ablöschen und ca. 20 Min. auf niedriger Stufe köcheln lassen, bis das Gemüse weich ist. Die Suppe mit einem Pürierstab pürieren. Muskatnuss und Sahne zugeben und nochmals kurz pürieren. Mit Salz und Pfeffer abschmecken.

WIE ES LEICHTER WIRD

Die Angst davor, als Mutter nicht gut genug zu sein oder etwas falsch zu machen, ist so groß, dass wir häufig angespannt durch den Alltag laufen. Da ist die Angst, den Konflikt mit dem Kind nicht perfekt begleitet zu haben, die Angst, den eigenen Bedürfnissen nachzukommen und denen des Kindes nicht genügend Raum zu geben. Oder die Angst, eine falsche Entscheidung zu treffen.

Leider gibt es kein umfassendes Wundermittel gegen diese Angst. Was helfen kann, ist, dass du für dich selbst reflektierst, wie du mit diesen Ansprüchen umgehen möchtest, und deine eigenen Strategien entwickelst, der Angst zu begegnen.

Die Anforderungen bleiben zwar, aber du kannst zumindest erreichen, dass es wieder leichter wird; dass sich der Alltag nicht mehr wie ein Flickenteppich aus Anstrengung, Überforderung und Erschöpfung anfühlt, sondern stattdessen Selbstsicherheit und Selbstmitgefühl gegenwärtig werden.

Jenseits von richtig und falsch gibt es einen Ort.
Hier können wir uns begegnen.
Rumi

Man kann das Leben nur rückwärts verstehen,
aber *leben* muss man es vorwärts.

Søren Kierkegaard

WAS IHR ALS PAAR GEWINNEN KÖNNT, WENN IHR AUFGABEN NEU FAIR-TEILT

Wer unter Mental Load leidet, also beispielsweise unter einer extrem belastenden Denkarbeit in Bezug auf Care-Arbeit und Alltags-Management, hat oftmals das Gefühl, nie wirklich abschalten und zur Ruhe kommen zu können. Ein schlechtes Gewissen und der stetige Wunsch, alles perfekt machen zu wollen, erhöhen den Druck. Dabei ist es schlicht und ergreifend gar nicht möglich, alle anfallenden Aufgaben alleine zu bewältigen.

Es lohnt sich also, die anfallenden Aufgaben im Haushalt, die wichtigen organisatorischen Angelegenheiten und die Care-Arbeit mit dem Kind bewusst aufzuteilen und zwischen dir und deinem Partner oder deiner Partnerin fair zu verteilen. Für eine bessere Vereinbarkeit von Care-Arbeit, Job und den eigenen Bedürfnissen.

Wenn du dir eine *bessere* Welt und eine glücklichere Zukunft für deine Kinder wünschst, dann lass zunächst dir selbst all die Liebe und Zuwendung zukommen, die es braucht, um die Kraft dafür aufzubringen.

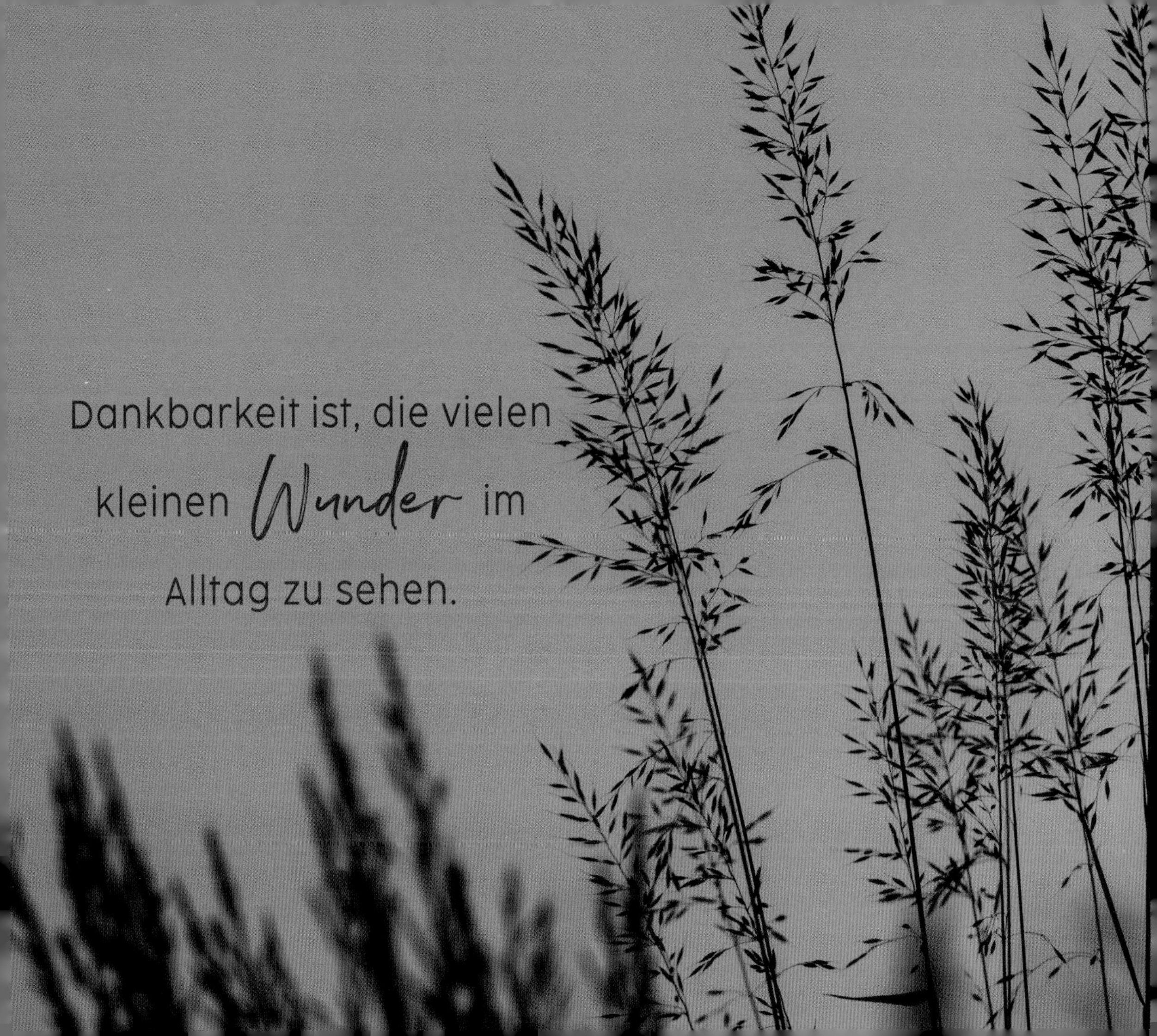

Dankbarkeit ist, die vielen
kleinen *Wunder* im
Alltag zu sehen.

MOBILISATION FÜR DEN RÜCKEN

Diese Übung schenkt deinem Rücken eine wundervolle, ganzheitliche Dehnung und kann dabei helfen, Verspannungen zu lösen. Richte dich dafür auf einer (Yoga-)Matte oder einer Wolldecke im Vierfüßlerstand ein. Die Schultergelenke sind über den Handgelenken platziert und die Finger weit aufgefächert. Hebe mit der Einatmung deinen Kopf und lass dein Brustbein nach vorne streben. Du bildest so ein kleines Hohlkreuz, deine Sitzbeinhöcker zeigen in Richtung Decke. Wenn du ausatmest, rundest du deinen Rücken maximal nach außen und machst einen „Katzenbuckel“. Einatmend streckst du dich wieder nach vorne.

Wiederhole diese Übung ein paarmal und verbinde deinen Atem mit der Bewegung. Spüre, wie dein Rücken langsam weicher und geschmeidiger wird.

Sei dein eigener Guru.

Und wenn du glaubst, dass es gerade nicht katastrophaler sein könnte, lehn dich einen Moment zurück und gib dem Leben die *Chance*, sich selbst zu sortieren.

KURZER REMINDER FÜR EINEN GLÜCKLICHEN TAG

- Bewegung.
- Begegnung.
- Entspannung.

Ofengemüse

4 mittelgroße Kartoffeln (festkochend)
1 Fenchelknolle
2 Rote-Bete-Knollen
Olivenöl
1 Apfel
1 Knoblauchzehe
Salz
Pfeffer
125 g Schmand

Kartoffeln und Fenchel putzen und in Spalten schneiden. Für das Schälen der Rote-Bete-Knollen empfiehlt es sich, Handschuhe zu tragen. Rote Bete schälen und ebenfalls in Spalten schneiden. Das Gemüse auf einem mit Backpapier ausgelegen Backblech verteilen und mit Olivenöl beträufeln. Im vorgeheizten Backofen bei 200 °C (180 ° Umluft) für ca. 25 Min. garen. Nach der Hälfte der Zeit das Gemüse wenden. Den Apfel waschen, halbieren, entkernen und würfeln. Den Knoblauch schälen und fein hacken.

Nach 20 Min. den kleingeschnittenen Apfel und den Knoblauch zufügen. Das Gemüse für weitere 5-8 Min. garen lassen. Das Gericht ist fertig, wenn das Gemüse weich ist und die Kartoffeln leicht gebräunt sind. Mit Salz und Pfeffer würzen. Auf Teller verteilen und mit etwas Schmand servieren.

Die Langsamkeit bietet die Chance, das,
was wir tun, auch zu *erleben*.

Henriette Hanke

Selbstfürsorge bedeutet auch,

dich selbst gut zu versorgen.

Was kannst du dir heute

Gutes tun?

Selbstfürsorge hat
viele sanfte Gesichter.
Selbstoptimierung hat
nur einen starren Blick.

Ich habe in meinem Leben schon
unzählige Katastrophen durchlebt –
– die wenigsten davon sind eingetreten.
Mark Twain

Vegetarische Paella

2 Paprikaschoten
200 g frische Champignons
Saft von 1 Zitrone
3 Knoblauchzehen
200 g Kirschtomaten
300 g Erbsen (TK)
2 TL Cayennepfeffer
3 TL Paprikagewürz
2 EL Olivenöl
Meersalz
500 g Naturreis
400 ml Kokosmilch

Die Paprika waschen, von Samen und Scheidewänden befreien und würfeln. Die Pilze putzen und ebenfalls würfeln. Die Zitrone auspressen. Die Knoblauchzehen schälen und fein hacken. Die Tomaten waschen und würfeln. Paprika und Pilze gemeinsam mit den Erbsen, den Gewürzen und dem Zitronensaft, Olivenöl, Knoblauch und Meersalz in eine große Pfanne geben. Die Zutaten für 5 Min. braten lassen, bis das Gemüse langsam weich wird.

Anschließend die Tomaten, den Reis, die Kokosmilch und 700 ml Wasser zufügen. Unter stetigem Rühren für ca. 15 Min. köcheln lassen. Die Pasta auf Teller verteilen und nach Belieben mit Koriander garniert servieren.

„BETTER DONE THAN PERFECT“

Auch aus Backmischungen, die einem in den Wagen gelegt werden, kann man etwas Wunderbares zaubern. Nein, du bist keine schlechte Mutter, wenn die Muffins aus der Packung kommen, auch dann nicht, wenn du die bunten Streusel weglässt.

Du bist die beste Mutter, die du jetzt gerade sein kannst.

Und vielleicht sind dir am heutigen Tag andere Dinge einfach wichtiger als ein perfekter Kuchen, zum Beispiel endlich die letzten Seiten deines Romans zu Ende zu lesen, mit einer Freundin schön essen zu gehen oder mit dem Nachwuchs ausgiebig Trampolin zu hüpfen.

Damit bist du nicht alleine. Setze Prioritäten und stehe zu ihnen. Es muss nicht alles zu 100 Prozent erledigt werden. Du macht das genau richtig!

Du musst nicht immer einen genauen Plan haben. Manchmal sind *Vertrauen* und eine Portion *Mut* völlig ausreichend.

Ein Weg braucht kein Wohin.
Es genügt ein Woher.
Ernst Barlach

VORBILD SEIN

Häufig eilen wir mit vollem Kopf und geschäftigen Händen
durch den Alltag und versuchen alle Bedürfnisse
der Familienmitglieder im Blick zu haben.
So bleibt wenig Raum für die eigenen Träume und Wünsche.

Aber wie können wir ein gesundes, gutes Vorbild für unsere Kinder
sein, wenn wir unsere eigenen Bedürfnisse so oft hintanstellen?
Wie können wir unseren Kindern erzählen, dass sie auf sich
achten sollen und dass ihre Gefühle wichtig sind, wenn wir selbst
nicht klar kommunizieren, was wir brauchen?

Wir sollten uns häufiger daran erinnern, unseren Kindern eine
liebevolle Selbstfürsorge vorzuleben. Denn dadurch geben wir
auch ihnen indirekt das Gefühl sich zu entspannen, sich auszuruhen
und sich mit dem zu umgeben, was ihnen guttut.

„KANNST DU MIR HELFEN?"

„Kannst du mir helfen?" Dieser Satz klingt so simpel, dabei fällt es uns oft so schwer ihn auszusprechen. Falscher Stolz oder veraltete Glaubenssätze hindern uns daran, um Hilfe zu bitten.

Damit sollten wir Schluss machen. Anzuerkennen, dass vieles nicht alleine geht, um Hilfe zu bitten und Hilfe zuzulassen ist kein Zeichen von Schwäche, sondern ein Zeichen von Mut und Stärke. Du musst all das nicht alleine schaffen!

Nach Hilfe zu fragen
ist das Mutigste,
was du tun kannst.

Leb ein Leben, das sich gut anfühlt,
nicht eines, das gut aussieht.

Koch dein eigenes Süppchen!

Auf Kochen hast du einfach keine Lust? Neue Rezepte versetzen dich eher in Schrecken als in puren Genuss? Lass dich nicht stressen! Vielleicht gibt es ein paar einfache Zubereitungen, die dir leicht von der Hand gehen. Wie wäre es, wenn du diese nicht neu erfindest, sondern einfach nach Belieben variierst? Viele Gemüsesorten für Suppen oder Aufläufe lassen sich prima saisonal erweitern oder austauschen.

Verfeinere deine Lieblingssoße mit neuen Kräutern oder erfinde deinen ganz eigenen Lieblings-Smoothie. Trau dich, kreativ zu sein!

Es sind die Begegnungen

mit Menschen, die das Leben

lebenswert machen.

Guy de Maupassant

Sobald du dir *vertraust*,
sobald weißt du zu *leben*.

Johann Wolfgang von Goethe

Take it easy!

An manchen Tagen fehlt uns einfach die Zeit, die Lust oder auch die Freude, uns ein selbst gekochtes Essen zuzubereiten.
Wie gut, dass für genau diese Tage der Lieferservice erfunden wurde.

Dabei müssen sich Fast Food und gesunde Ernährung nicht ausschließen. Es empfiehlt sich auf jeden Fall, die besten Restaurants in der Umgebung auszuprobieren und in Erfahrung zu bringen, ob diese auch einen Lieferservice anbieten.

Go your own way, Mama!

Schwing dich aus allem heraus,
was dich beengt.

Bettina von Arnim

TANZ DICH GLÜCKLICH

Augen zu. Musik an.

Ganz egal, welche Musik dich zum Lächeln bringt und dein Herz klopfen lässt: Lege zwischendurch ein Tänzchen ein. Vielleicht mit deinem Baby in der Trage oder deinem Kind an der Hand, vielleicht aber auch allein. Hab Freude an der Bewegung und tauche für einen Moment in die Erinnerungen an wilde Partynächte ab.

Gebackene Feta-Pasta

2 Knoblauchzehen
2 EL Basilikum
1 EL Thymian
400 g Spaghetti
400 g Kirschtomaten
200 g Feta
1 EL Oregano
6 EL Olivenöl

Den Backofen auf 200 °C (180 °C Umluft) vorheizen. Knoblauch schälen und hacken. Basilikum und Thymian abbrausen und trocken schütteln, Thymianblättchen abzupfen. Die Kräuter fein hacken. Spaghetti, Knoblauch und Tomaten zusammen in eine Auflaufform geben. Den Feta am Stück darauflegen und mit den Kräutern bestreuen. Das Olivenöl darüber geben und die Form mit so viel Wasser auffüllen, dass die Nudeln komplett bedeckt sind.

35 Min. im Ofen backen. Für die Soße anschließend noch etwas Wasser zugeben. Alle Zutaten miteinander verrühren und direkt servieren.

Möge dein Tag durch
viele *kleine Dinge*
groß werden.

Irischer Segenswunsch

„Müdeweile" kannst du nur entkommen, indem du die Tür aufmachst und mit einem großen Kaffee den nächsten Park erkundest.

STOPP DEN VERGLEICH MIT ANDEREN MÜTTERN

Lasst uns die Mutter sein, die tolerant ist und nicht mit dem Finger auf andere zeigt und lästert. Lasst uns die Mutter sein, die sich nicht an der selbst gekochten Biokost ihrer Kinder misst oder ihren Wert über adrette Kinderkleidung definiert.

Lasst uns die Mutter sein, die nicht immer nach Perfektion strebt und dann selbst komplett auf der Strecke bleibt. Wie wäre es, wenn wir uns stattdessen gegenseitig unterstützen, mit einem offenen Ohr und gutem Kaffee? Wenn wir lernen dürften, achtsam mit uns selbst zu sein, damit die eigenen Bedürfnisse wieder gespürt werden? Wir werden sicher dennoch zweifeln und uns sorgen. Aber in der Gewissheit, dass wir alle miteinander verbunden sind.

Die *Erde* trägt dich, und der *Himmel* ist über dir. Es gibt nichts, wovor du dich fürchten müsstest.

Und wenn du den Eindruck hast, dass das Leben
ein Theater ist, dann suche dir eine Rolle aus,
die dir so richtig Spaß macht.
William Shakespeare

GEFÜHLE WOLLEN GEFÜHLT WERDEN

Achtsamkeit bedeutet wahrzunehmen, welche Gedanken und Körperempfindungen, aber auch welche Gefühle am Tag gespürt und gehört werden wollen. Nun haben wir in unserem stressigen Alltag vielleicht nicht immer die Chance, unserer Trauer, unserem Unmut, unserer Angst oder anderen vermeintlich negativen Gefühlen den nötigen Raum zu schenken.

Eine wirklich schöne Alternative zum Verdrängen der Gefühle kann es jedoch sein, sich vom jeweiligen Gefühl kurz zu distanzieren und die Auseinandersetzung damit auf einen späteren Zeitpunkt zu vertagen. Zum Beispiel könntest du dir fest vornehmen, dich am Abend für zehn Minuten ganz intensiv diesem Gefühl zuzuwenden und zu spüren, wo in deinem Körper du es wahrnehmen kannst. Das klappt am besten an einem ungestörten, gemütlichen Ort und in Stille.

Meditation bringt uns in Berührung
mit dem, was die Welt im Innersten
zusammenhält.
Johann Wolfgang von Goethe

Fehler sind Helfer.

Easy-Peasy-Süppchen mit Maultaschen

1 Packung Maultaschen (Kühlregal)
800 ml Gemüsebrühe
450 g Bio-Suppengemüse (TK)
175 g Bio-Suppengrün (TK)
1 Knoblauchzehe
1 Stück Ingwer (2 cm)
Salz
Pfeffer

Die Maultaschen in 1,5 cm breite Scheiben schneiden. In einem großen Topf die Gemüsebrühe zum Kochen bringen. Maultaschen, Suppengemüse und Suppengrün zur Gemüsebrühe zugeben. Knoblauch und Ingwer jeweils durch die Knoblauchpresse in den Kochtopf pressen. Die Suppe für ca. 10 Min. auf mittlerer Stufe köcheln lassen. Mit Salz und Pfeffer würzen. Die Suppe auf Teller verteilen und servieren.

Über die Autorinnen

Jessica Dahlkötter (Jahrgang 1984) ist Gründerin von „Mom in Peace". Sie arbeitet als Coachin und Mentorin und beschäftigt sich seit vielen Jahren mit den Themen Selbstfürsorge, Achtsamkeit und Entspannung für Mütter. Diese wichtigen Inhalte lassen sich in all ihren Angeboten, Retreats und Vorträgen wiederfinden. Sie vermittelt dabei nicht nur die neuesten Erkenntnisse, sondern teilt in erster Linie, was ihr selber hilft, um sich noch freier und authentischer zu fühlen – alltagstauglich und mit großem Mamiherz. Jessica ist glücklich verheiratet, Mutter zweier wundervoller Kinder und lebt in ihrer Wahlheimat Münster. www.mominpeace.de

Sibille Greiner (Jahrgang 1980) ist seit über 15 Jahren Expertin für feinfühliges Design und Branding mit Tiefgang. In ihrem wunderschönen Holzhaus auf Island erlebt sie ihre ganz eigene Magie, die sie dort in Form von Retreats auch mit anderen teilt. Mit ihren Kundinnen geht sie auf eine Entdeckungsreise zur eigenen Essenz, kommt mit funkelnder Klarheit zurück, übersetzt den Vibe visuell authentisch und zaubert so strahlende, magische Marken. Sibille lebt mit ihrem Mann, ihren zwei wunderbaren Töchtern und großem Hund mitten im RuhrgeBeat. www.magischemarken.de

Anna Heide (Jahrgang 1988) versteht es, authentische, gefühlvolle Fotografien zu machen, sei es von Mensch, Umgebung oder Natur. Aber auch mit Stift und Pinsel erschafft sie wunderschöne Illustrationen, die von Leichtigkeit und Freude leben. An den Themen Achtsamkeit und Umgang mit sich selbst liegt ihr sehr viel, und nicht nur deshalb ist ganz viel Herz in dieses Projekt geflossen. Anna lebt mit ihrer kleinen geliebten Familie im schönen Münster. www.anna-heide.com

© Romana Dombrowski